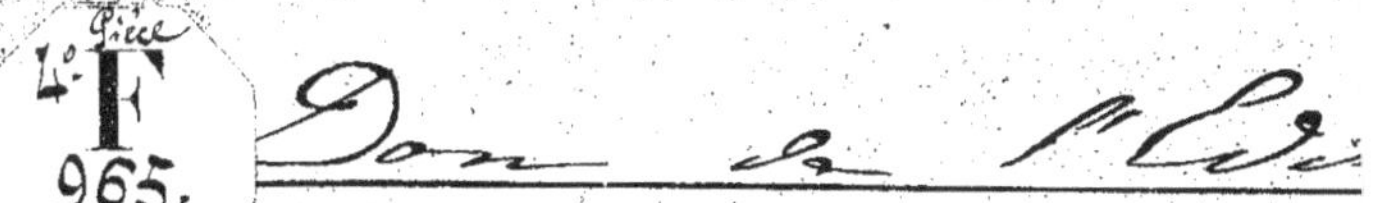

ARRÊTÉ MINISTÉRIEL

RELATIF AUX

AVANCEMENTS, DISTINCTIONS HONORIFIQUES

ET NOTES SEMESTRIELLES

DU CORPS DES ÉQUIPAGES DE LA FLOTTE

DU 26 MAI 1891

PARIS

IMPRIMERIE ET LIBRAIRIE MILITAIRES DE L. BAUDOIN

2, Rue Christine, 2

1891

N° **5092** de la Nomenclature des Documents.

Arrêté ministériel *relatif aux avancements, distinctions honorifiques et notes semestrielles du Corps des Équipages de la flotte.*

(Du 26 mai 1891.)

(Direction du Personnel ; — 2ᵉ Bureau : *Équipages de la flotte.*)

Le Sénateur, Ministre de la Marine,

Vu le décret du 5 juin 1883 (2ᵉ édition) portant réorganisation du Corps des Équipages de la flotte ;

Vu le décret du 26 mai 1891 portant modifications au décret du 5 juin 1883 ;

Le Comité des Inspecteurs généraux de la Marine entendu,

Arrête :

TITRE PREMIER.

Composition des Conseils d'avancement.

ARTICLE PREMIER.

§ 1. — A bord des bâtiments armés ou en réserve 1ʳᵉ et 2ᵉ catégorie, les Conseils d'avancement sont composés, toujours en nombre pair, sauf le cas prévu à l'alinéa *e)* ci-après, de la manière suivante :

a) De huit personnes sur les bâtiments où, indépendamment du commandant et de l'officier en second, l'état-major comprend réglementairement six officiers au moins :

Le commandant, *Président,*
L'officier en second,
Les cinq chefs de quart,
Et le plus ancien officier non chef de quart.

b) De six personnes sur les bâtiments dont l'état-major réglementaire comprend au moins, indépendamment du commandant et de l'officier en second, quatre officiers chefs de quart :

Le commandant, *Président,*
L'officier en second,
Les quatre plus anciens officiers.

c) De quatre personnes sur les bâtiments dont l'état-major comprend au moins deux officiers, indépendamment du commandant et de l'officier en second :

Conseils d'avancement des bâtiments armés ou en réserve.

1

Le commandant, *Président*,
L'officier en second,
Les deux plus anciens officiers.

Dans ces trois cas, l'officier mécanicien (le plus ancien ou le plus élevé en grade, s'il y en a plusieurs embarqués) remplace dans le Conseil l'officier de marine le moins élevé en grade ou le moins ancien, pour les avancements à accorder au 3ᵉ groupe (mécaniciens et chauffeurs).

Lorsqu'un aspirant de 1ʳᵉ classe remplace un officier manquant à l'état-major ou absent, il fait partie du Conseil d'avancement à la place dudit officier.

d) De deux personnes sur les bâtiments dont l'état-major ne comprend, outre le commandant, que deux officiers ou un seul (officier ou aspirant de 1ʳᵉ classe).

e) Sur les bâtiments à bord desquels il n'est point embarqué d'officier ou d'aspirant de 1ʳᵉ classe, le commandant supplée le Conseil d'avancement et établit seul et sous sa responsabilité personnelle, les procès-verbaux et propositions d'avancement en grade ou en classe.

§ 2. — L'officier d'administration du bâtiment remplit les fonctions de secrétaire; il a voix consultative pour les avancements des fourriers et du personnel des vivres; il a voix représentative pour tout ce qui est relatif à la durée des services et au nombre des avancements. Ses observations, s'il y a lieu, sont consignées dans le procès-verbal.

§ 3. — Les autres officiers, les aspirants de 1ʳᵉ classe et les officiers-mariniers peuvent être appelés pour faire connaître leur opinion sur chacun des marins proposés pour l'avancement; mais ils ne font pas partie intégrante du Conseil.

§ 4. — Si, par une circonstance dont il est fait mention au procès-verbal, le nombre des officiers de marine se trouve inférieur aux chiffres fixés ci-dessus, les susdits Conseils sont composés en suivant l'ordre successif établi par les alinéas *b*), *c*), *d*), *a*), du présent article et en observant toujours la condition énoncée à son premier paragraphe.

§ 5. — Pour les bâtiments en 3ᵉ catégorie de réserve, les propositions d'avancement sont établies et les avancements définitifs concédés par un Conseil d'avancement composé de la manière suivante :

Le commandant du bâtiment central de la réserve, *Président*,
L'officier en second.

Des officiers chefs de groupe, dont le nombre est fixé conformément aux alinéas *a*), *b*), *c*), *d*), du paragraphe 1 du présent article.

L'officier d'administration du bâtiment central remplit les fonctions de secrétaire dans les conditions définies par le paragraphe 2 du présent article.

Art. 2.

Conseils d'avancement des défenses mobiles. Le Conseil d'avancement de la défense mobile est composé de la manière suivante :

Le commandant de la défense mobile, *Président*,
L'officier adjoint de la défense mobile.

Deux, quatre ou six commandants de bateaux-torpilleurs suivant que le nombre de ces bâtiments est compris entre 2 et 8 ou supérieur à 8. Ils sont désignés par ordre d'ancienneté.

Le mécanicien principal de la défense mobile remplace dans le Conseil le commandant de bateau-torpilleur le moins élevé en grade ou le moins ancien, pour les avancements à accorder au 3ᵉ groupe.

L'officier d'administration de la défense mobile remplit les fonctions de secrétaire dans les conditions définies par le paragraphe 2 de l'article 1ᵉʳ du présent arrêté.

La défense mobile est traitée comme un navire armé au point de vue des avancements.

Art. 3.

Le Conseil d'avancement de la défense fixe est composé de la manière suivante :

Conseils d'avancement des défenses fixes.

Le commandant de la défense fixe, *Président*,
Un ou trois lieutenants de vaisseau attachés à la défense fixe.

Le mécanicien principal de la défense fixe, s'il y en a un, remplace dans le Conseil le lieutenant de vaisseau le moins ancien pour les avancements à accorder au 3ᵉ groupe.

L'officier d'administration affecté au service de la défense fixe remplit les fonctions de secrétaire dans les conditions définies par le paragraphe 2 de l'article 1ᵉʳ du présent arrêté.

La défense fixe est traitée comme un navire armé au point de vue des avancements.

Art. 4.

Les Conseils d'avancement des directions des mouvements de port sont composés de la manière suivante :

Conseils d'avancement des directions des mouvements de port.

Le directeur des mouvements du port, *Président*,
Le plus ancien des sous-directeurs,
Les deux plus anciens lieutenants de vaisseau attachés à la direction.

L'officier d'administration de la direction des mouvements du port remplit les fonctions de secrétaire dans les conditions prévues au paragraphe 2 de l'article 1ᵉʳ du présent arrêté.

Art. 5.

Les Conseils d'avancement des divisions des Équipages de la flotte sont composés de la manière suivante :

Conseils d'avancement des divisions des équipages de la flotte.

Le commandant, *Président*,
Le commandant en second,
Le major,
Les deux lieutenants de vaisseau adjudants-majors,

Et un ou trois lieutenants de vaisseau de la division désignés par le commandant.

Le trésorier de la division remplit les fonctions de secrétaire dans les conditions prévues au paragraphe 2 de l'article 1er du présent arrêté.

Art. 6.

Conseils d'avancement des bâtiments-écoles de gabiers.

A bord des bâtiments-écoles de gabiers, le Conseil d'avancement se compose :

Du commandant, *Président,*
Du commandant en second,
Des officiers commandant les escouades d'apprentis gabiers,
Et de l'officier d'administration secrétaire dans les conditions prévues au paragraphe 2 de l'article 1er du présent arrêté.

Art. 7.

Conseils d'avancement de l'École de canonnage.

§ 1. — Le Conseil d'avancement de l'École de canonnage pour le personnel en instruction se compose :

Du capitaine de vaisseau, commandant, *Président,*
Du commandant en second,
Des commandants des annexes de l'École,
Des lieutenants de vaisseau, commandant les escouades d'apprentis-canonniers et de vétérans,
Du lieutenant de vaisseau archiviste,
Et de l'officier d'administration, secrétaire, dans les conditions prévues au paragraphe 2 de l'article 1er du présent arrêté.

§ 2. — Si cette composition donne au Conseil un nombre de votants impair, le plus ancien des lieutenants de vaisseau permanents est appelé à siéger avec voix délibérative.

§ 3. — Le Conseil d'avancement pour l'équipage permanent se compose :

Du capitaine de vaisseau, commandant, *Président,*
Du commandant en second,
Des lieutenants de vaisseau permanents (manœuvre, fusilier, torpilleur),
Des trois plus anciens lieutenants de vaisseau stagiaires ayant 5 mois de présence à bord,
Et de l'officier d'administration secrétaire, dans les conditions prévues au paragraphe 2 de l'article 1er du présent arrêté.

§ 4. — Pour l'avancement du personnel du 3e groupe le Conseil se conforme aux prescriptions de l'article 1er du présent arrêté.

Art. 8.

Conseils d'avancement de l'École des Torpilles.

§ 1. — Le Conseil d'avancement de l'École des torpilles, pour le personnel en instruction, se compose :

Du capitaine de vaisseau, commandant, *Président,*

Du commandant en second,

De deux lieutenants de vaisseau, professeurs, capitaines des compagnies d'instruction,

Du plus ancien lieutenant de vaisseau, chef de quart,

Du mécanicien principal le plus élevé en grade ou le plus ancien,

Et de l'officier d'administration, secrétaire, dans les conditions prévues au paragraphe 2 de l'article 1er du présent arrêté.

§ 2. — Le Conseil d'avancement pour l'équipage permanent se compose :

Du capitaine de vaisseau, commandant, *Président*,

Du commandant en second,

Des quatre plus anciens lieutenants de vaisseau, chefs de quart, et de l'officier d'administration, secrétaire, dans les conditions prévues au paragraphe 2 de l'article 1er du présent arrêté.

Pour l'avancement des mécaniciens, le Conseil se conforme aux prescriptions de l'article 1er du présent arrêté.

Art. 9.

§ 1. — Le Conseil d'avancement des bataillons d'apprentis fusiliers se compose :

Du capitaine de frégate, commandant, *Président*,

Du chef de bataillon d'infanterie de marine, détaché au bataillon,

Des deux lieutenants de vaisseau, adjudants-majors,

Du lieutenant de vaisseau, instructeur de tir,

Des quatre lieutenants de vaisseau, capitaines de compagnie,

Et du trésorier de la division, secrétaire, dans les conditions prévues au paragraphe 2 de l'article 1er du présent arrêté.

§ 2. — Pour établir les propositions au grade de quartier-maître et de deuxième-maître clairon, le Conseil s'adjoint à titre consultatif le sous-chef de musique, instructeur.

Art. 10.

Le Conseil d'avancement de l'École de gymnastique et d'escrime se compose :

Du capitaine de frégate, commandant le bataillon, *Président*,

Du chef de bataillon d'infanterie de marine, détaché au bataillon,

Du lieutenant de vaisseau, commandant l'École,

Du lieutenant de vaisseau, instructeur de tir au bataillon,

Et du trésorier de la division, secrétaire, dans les conditions prévues au paragraphe 2 de l'article 1er du présent arrêté.

Art. 11.

Le Conseil d'avancement de l'École de timonerie se compose :

Du commandant du bâtiment-école, *Président*,

Du commandant de l'annexe de l'École de canonnage et de timonerie,

Des officiers en second de ces deux bâtiments,

Des officiers commandant les escouades d'apprentis timoniers,

Et de l'officier d'administration, secrétaire, dans les conditions prévues au paragraphe 2 de l'article 1er du présent arrêté.

Art. 12.

Conseils d'avancement pour les infirmiers en service à terre.

Les Conseils d'avancement, pour les infirmiers en service à terre (hôpitaux et divisions), sont composés de la manière suivante :

Le directeur du service de santé, *Président*,

Deux officiers supérieurs du corps de santé,

Le capitaine de la compagnie du petit état-major de la division des équipages de la flotte.

Le médecin, secrétaire du Conseil de santé, remplit les fonctions de secrétaire avec voix consultative.

TITRE II.

Nombre des propositions et des avancements en classe.

Art. 13.

Avancements supplémentaires aux équipages de l'Ecole navale et du bâtiment-école d'application des aspirants.

Le nombre des propositions et des avancements supplémentaires à accorder aux Équipages du bâtiment-école d'application des aspirants et du bâtiment des élèves de l'École navale, en vertu de l'article 396 modifié du décret du 5 juin 1883, est le même que celui revenant pour un semestre à ces bâtiments, sans distinction de groupe ni de spécialité. Ces propositions et ces avancements sont concédés au 1er juillet de chaque année.

Art. 14.

Avancements à accorder aux instructeurs de l'Ecole des mousses.

§ 1. — Au 1er janvier et au 1er juillet de chaque année, le Conseil d'avancement de l'École des mousses peut proposer :

1° Un second-maître instructeur sur six, pour le grade de premier-maître;

2° Un quartier-maître instructeur sur six, pour le grade de second-maître.

§ 2. — Il peut en outre, aux mêmes époques, accorder des avancements en classe dans la proportion du huitième du nombre des instructeurs de tous grades, déduction faite de ceux qui sont proposés pour des avancements en grade.

Art. 15.

Avancements à accorder aux instructeurs du dépôt d'instruction des marins destinés aux spécialités.

§ 1. — Au 1er janvier et au 1er juillet de chaque année, à la suite des inspections du bâtiment-dépôt d'instruction, le Conseil d'avancement peut proposer :

1° Un second-maître instructeur sur six, pour le grade de premier-maître;

2° Un quartier-maître instructeur sur six, pour le grade de second-maître.

§ 2. — Il peut, en outre, aux mêmes époques, accorder des avancements en classe dans la proportion du huitième du nombre des instructeurs et instructeurs adjoints de tous grades, déduction faite de ceux qui sont proposés pour des avancements en grade.

Art. 16.

§ 1. — A la fin de chaque période d'instruction, le Conseil d'avancement des bâtiments-écoles de gabiers peut proposer :

    1° Un second-maître de manœuvre sur quatre, pour le grade de premier-maître ;

    2° Un quartier-maître de manœuvre sur quatre, pour le grade de second-maître.

§ 2. — Il peut en outre, aux mêmes époques, accorder des avancements en classe au sixième des officiers-mariniers, quartiers-maîtres et matelots instructeurs, déduction faite de ceux qui sont proposés pour des avancements en grade.

Avancements aux instructeurs de manœuvre, sur les bâtiments-écoles de gabiers

Art. 17.

§ 1. — A la fin de chaque période d'instruction, le Conseil d'avancement de l'École de canonnage peut proposer :

    1° Un second-maître canonnier sur quatre, pour le grade de premier-maître ;

    2° Un quartier-maître canonnier sur quatre, pour le grade de second-maître.

§ 2. — Il peut en outre, aux mêmes époques, accorder des avancements en classe au sixième du nombre des instructeurs et instructeurs adjoints de tous grades, déduction faite de ceux qui sont proposés pour des avancements en grade.

Avancements à accorder aux instructeurs de l'École de canonnage.

Art. 18.

§ 1. — A la fin de chaque période d'instruction, le Conseil d'avancement de l'École des torpilles peut proposer, parmi les instructeurs :

    1° Un second-maître torpilleur sur quatre, pour le grade de premier-maître ;

    2° Un quartier-maître torpilleur sur quatre, pour le grade de second-maître.

§ 2. — Il peut en outre, aux mêmes époques, accorder des avancements en classe dans la proportion du sixième du nombre des instructeurs de tous grades, déduction faite de ceux qui sont proposés pour des avancements en grade.

Avancements à accorder aux instructeurs des apprentis torpilleurs.

Art. 19.

§ 1. — A la fin de chaque période d'instruction, le Conseil d'avancement de l'École des torpilles peut proposer, en nombre illimité, des seconds-maîtres et quartiers-maîtres mécaniciens torpilleurs instructeurs pour le grade supérieur.

§ 2. — Il peut en outre, aux mêmes époques, accorder des avancements en

Avancements à accorder aux instructeurs des mécaniciens-torpilleurs.

classe dans la proportion du sixième du nombre des instructeurs et instructeurs adjoints de tous grades, déduction faite de ceux qui sont proposés pour des avancements en grade.

Art. 20.

Avancements accordés aux instructeurs des bataillons d'instruction.

§ 1. — A la fin de chaque période d'instruction, le Conseil d'avancement de chacun des bataillons d'instruction peut proposer :

1° Un second-maître instructeur sur six pour le grade de premier-maître;

2° Un quartier-maître instructeur sur six pour le grade de second-maître.

§ 2. — Il peut en outre, aux mêmes époques, accorder des avancements en classe dans la proportion du huitième du nombre des instructeurs et instructeurs adjoints de tous grades, déduction faite de ceux qui sont proposés pour des avancements en grade.

Art. 21.

Avancements accordés aux instructeurs et aux élèves de l'École de gymnastique et d'escrime.

A la fin de chaque période d'instruction, le Conseil d'avancement de l'École de gymnastique et d'escrime peut :

1° Établir des propositions d'avancement en grade dans la proportion du huitième de l'effectif total des instructeurs et des élèves de tous grades présents à l'École au jour de la réunion du Conseil ;

2° Concéder des avancements en classe dans la même proportion.

Art. 22.

Avancements à accorder aux instructeurs de l'École de timonerie.

§ 1. — A la fin de chaque période d'instruction, le Conseil d'avancement du bâtiment-école des timoniers peut proposer :

1° Un second-maître de timonerie sur quatre pour le grade de premier-maître ;

2° Un quartier-maître de timonerie sur quatre pour le grade de second-maître.

§ 2. — Il peut en outre, aux mêmes époques, accorder des avancements en classe au sixième des officiers-mariniers, quartiers-maîtres et matelots instructeurs, déduction faite de ceux qui sont proposés pour des avancements en grade.

Art. 23.

Avancements aux élèves du cours normal des instituteurs de la flotte.

A la fin de chaque période d'instruction du cours normal des instituteurs de la flotte, l'élève qui a obtenu le premier rang dans le classement de sortie, peut être avancé en classe ou proposé pour le grade supérieur.

Art. 24.

Calcul du nombre des propositions d'avancement à bord des bâtiments armés ou en 1re catégorie de réserve.

Le nombre des propositions d'avancement en grade que les Conseils d'avancement à bord des bâtiments armés ou en réserve, 1re catégorie, sont autorisés à présenter est fixé, pour une année, ainsi qu'il suit :

a) *Propositions pour le grade de premier-maître :*

1er groupe. — Au cinquième de l'effectif total des seconds-maîtres de ce groupe.

2e groupe. — Au cinquième de l'effectif total des seconds-maîtres de ce groupe.

3e groupe. — Non limité.

b) *Propositions pour le grade de second-maître :*

1er groupe. — Au quart de l'effectif total des quartiers-maîtres de ce groupe.

2e — — d° d°

3e — — Non limité.

Toute fraction, si minime qu'elle soit, compte pour une unité.

ART. 25.

Le nombre de propositions d'avancement en grade que les Conseils d'avancement à bord des bâtiments en réserve, 2e et 3e catégories, sont autorisés à présenter, est fixé pour une année, ainsi qu'il suit :

Calcul du nombre des propositions d'avancement à bord des navires en réserve 2e et 3e catégories.

a) *Propositions pour le grade de premier-maître :*

1er groupe. — Au sixième de l'effectif total des seconds-maîtres de ce groupe.

2e groupe. — Au sixième de l'effectif total des seconds-maîtres de ce groupe.

3e groupe. — Non limité.

b) *Propositions pour le grade de second-maître :*

1er groupe. — Au cinquième de l'effectif total des quartiers-maîtres de ce groupe.

2e groupe. — Au cinquième de l'effectif total des quartiers-maîtres de ce groupe.

3e groupe. — Non limité.

Toute fraction, si minime qu'elle soit, compte pour une unité.

ART. 26.

§ 1. — Lé nombre des propositions d'avancement en grade que les Conseils d'avancement des divisions des Équipages de la flotte sont autorisés à présenter est fixé, pour une année, ainsi qu'il suit :

Calcul du nombre des propositions d'avancement à terre.

a) *Propositions pour le grade de premier-maître :*

1er groupe. — Au septième de l'effectif total des seconds-maîtres de ce groupe.

2e groupe. — Au septième de l'effectif total des seconds-maîtres de ce groupe.

b) *Propositions pour le grade de second-maître :*

1er groupe. — Au sixième de l'effectif total des quartiers-maîtres de ce groupe.

2ᵉ groupe. — Au sixième de l'effectif total des quartiers-maîtres de ce groupe.

c) *Renouvellement de propositions pour le grade de quartier-maître, tambour et clairon :*

Les renouvellements de l'espèce, prévus par le dernier paragraphe de l'article 372 du décret du 5 juin 1883, peuvent être formulés en nombre illimité.

§ 2. — Les Conseils d'avancement des directions des mouvements de port peuvent établir des propositions d'avancement en grade, dans la proportion du septième de l'effectif total des seconds-maîtres et quartiers-maîtres attachés à ce service.

§ 3. — Le nombre des propositions d'avancement que le Conseil d'avancement prévu à l'article 12 du présent arrêté est autorisé à présenter est fixé, pour une année, ainsi qu'il suit :

d) *Propositions pour le grade de premier-maître infirmier :*

Au cinquième de l'effectif des seconds-maîtres infirmiers en service à terre au moment de la réunion du Conseil.

e) *Propositions pour le grade de second-maître infirmier :*

Au quart de l'effectif des quartiers-maîtres infirmiers en service à terre au même moment.

§ 4. — Pour les marins en service à terre aux colonies, le nombre des propositions d'avancement peut être égal, pour une année, au cinquième de l'effectif total de ce personnel, sans qu'il y ait lieu de former des groupes.

§ 5. — Toute fraction, si minime qu'elle soit, compte pour une unité.

Art. 27.

Calcul du nombre des avancements en classe à bord.

Le nombre des avancements en classe que les Conseils d'avancement des bâtiments sont autorisés à concéder est fixé, pour une année, ainsi qu'il suit :

Bâtiments armés ou en 1ʳᵉ catégorie.

1ᵉʳ groupe. — Au sixième des officiers-mariniers, quartiers-maîtres et marins de ce groupe.

2ᵉ groupe. — Au sixième des officiers-mariniers, quartiers-maîtres et marins de ce groupe.

3ᵉ groupe. — Au quart des officiers-mariniers, quartiers-maîtres et marins de ce groupe.

Bâtiments en 2ᵉ et 3ᵉ catégories.

1ᵉʳ groupe. — Au neuvième des officiers-mariniers, quartiers-maîtres et marins de ce groupe.

2ᵉ groupe. — Au neuvième des officiers-mariniers, quartiers-maîtres et marins de ce groupe.

3ᵉ groupe. — Au huitième des officiers-mariniers, quartiers-maîtres et marins de ce groupe.

Art. 28.

Le nombre des avancements en classe que le personnel à terre peut obtenir est fixé, pour une année, ainsi qu'il suit :

Calcul du nombre des avancements en classe à terre.

a) *Infirmiers en service à terre :*

Au septième du nombre total des matelots infirmiers de 2e classe en service.

b) *Personnel aux Colonies :*

Au septième de l'effectif total, sans qu'il y ait lieu de former des groupes.

Art. 29.

§ 1. — Lorsque le calcul du nombre des propositions d'avancement ou des avancements en classe revenant à chaque groupe pour une année donne seulement une fraction, ou bien s'il reste une fraction, cette fraction est toujours comptée pour une unité.

Nombre de candidats à porter sur les états de propositions et les procès-verbaux d'avancement.

La même règle est appliquée lorsque le nombre de propositions ou d'avancements se calcule par semestre ou fraction de semestre, ou par période d'instruction, ou bien encore dans les cas prévus par les articles 397 et 398 modifiés du décret du 5 juin 1883.

§ 2. — A bord des bâtiments dont l'effectif ne dépasse pas 45 Européens, les fractions obtenues dans chaque groupe, en appliquant les règles établies par les articles 24, 25 et 27 du présent arrêté sont totalisées. Si la somme ne dépasse pas l'unité, le Conseil peut formuler une proposition ou accorder un avancement à son choix; si elle est supérieure à l'unité, le Conseil peut formuler deux propositions ou accorder deux avancements.

§ 3. — Les états de propositions et les procès-verbaux d'avancement à dresser aux époques fixées par l'article 375 du décret précité ne contiennent que la moitié du nombre des propositions et des avancements revenant pour une année aux deux premiers groupes de l'équipage, d'une part, et au troisième groupe de l'autre.

§ 4. — Si le nombre annuel est impair, la partie la plus forte est portée sur les pièces dressées au 1er janvier.

§ 5. — Dans les divisions, dans les directions des mouvements de port, ou à bord des bâtiments où il ne revient qu'un seul avancement définitif ou qu'une seule proposition d'avancement par an, le Conseil peut, à son choix, accorder l'avancement ou établir la proposition, soit au 1er janvier, soit au 1er juillet.

Lorsqu'il ne revient pour un an qu'un seul avancement ou une seule proposition de même nature à chacun des deux premiers groupes, l'un des avancements est concédé ou l'une des propositions établie au 1er janvier et l'autre au 1er juillet.

§ 6. — Les matelots et apprentis marins sans spécialité sont compris dans le total qui sert de base au calcul du nombre des avancements en classe revenant au groupe auquel ils appartiennent, à l'exception, toutefois, des matelots maîtres d'hôtels et cuisiniers.

ART. 30.

Nombre des propositions pour le grade d'adju-dant principal.

Le nombre des propositions pour le grade d'adjudant principal ou l'emploi de maître entretenu ne peut excéder, annuellement, le cinquième de l'effectif réglementaire des premiers maîtres de toute spécialité, sans distinction de groupe, embarqués ou en service dans les divisions des Équipages de la flotte et les directions des mouvements de port.

Lorsqu'il y a une fraction, il en est tenu compte, si minime qu'elle soit, à bord des bâtiments armés ou en 1re catégorie, dans les directions des mouvements de port et au bataillon d'instruction ; elle est négligée dans les divisions et à bord des navires en réserve 2e et 3e catégories, si elle est inférieure à 1/2.

TITRE III.

Règles à suivre pour calculer le nombre des avancements définitifs au grade de quartier-maître.

ART. 31.

Nominations au grade de quar-tier-maître dans les écoles de spécialités.

Le nombre d'avancements au grade de quartier-maître à concéder aux matelots instructeurs des bâtiments d'instruction et des écoles de spécialités est fixé, pour chaque semestre, de la manière suivante :

École des mousses..............	1 matelot instructeur sur		12
Dépôt d'instruction des marins des-tinés aux spécialités..........	1	—	12
École des gabiers..............	1	—	8
École de canonnage............	1	—	8
École de timonerie.............	1	—	6
Bataillon { Fusiliers brevetés.....	1	—	12
d'apprentis { Fourriers ordinaires..			
fusiliers. { Tambours et clairons. }	1 avancement sur		6

Toute fraction de 0,50 et au-dessus compte pour 1.

ART. 32.

Nominations au grade de quar-tier - maître à bord des bâti-ments armés ou en 1re catégorie de réserve ayant plus de 99 hom-mes d'équipage.

Le nombre des avancements définitifs au grade de quartier-maître que les Conseils d'avancement sont autorisés à concéder, annuellement, à bord des bâtiments armés ou en 1re catégorie de réserve, ayant plus de 99 hommes d'équipage, est calculé, pour chaque spécialité, conformément aux règles ci-après :

1er groupe.

Manœuvre : 1 nomination par groupe de 8 gabiers brevetés. Toute fraction de 0,50 et au-dessus compte pour 1.

Canonnage : 1 nomination par groupe de 8 canonniers brevetés. Toute fraction de 0,50 et au-dessus compte pour 1.

Torpilleurs : 1 nomination par groupe de 3 torpilleurs brevetés. Toute fraction de 0,50 et au-dessus compte pour 1.

Mousqueterie : 1 nomination par groupe de 12 fusiliers brevetés. Toute fraction de 0,50 et au-dessus compte pour 1.

Timonerie : 1 nomination par groupe de 8 timoniers brevetés. Toute fraction de 0,50 et au-dessus compte pour 1.

Les fractions inférieures aux limites ci-dessus sont toujours négligées, sauf dans le cas de combinaisons prévues aux articles 34 et 35 du présent arrêté.

2° groupe.

Les matelots du 2° groupe sont totalisés ; le résultat divisé par 8 donne le nombre de nominations à faire ; elles seront réparties, au choix du Conseil, sur les candidats les plus méritants du groupe. Toute fraction de 0,50 et au-dessus compte pour 1.

3° groupe.

Les ouvriers mécaniciens et les matelots chauffeurs brevetés sont totalisés ; le résultat divisé par 6 donne le nombre de nominations à faire aux grades de quartier-maître mécanicien pratique ou de quartier-maître chauffeur ; elles seront réparties, au choix du Conseil, sur les candidats les plus méritants du groupe. Toute fraction de 0,50 et au-dessus compte pour 1.

Art. 33.

Sont compris dans l'effectif réglementaire, pour le calcul du nombre des avancements, tous les hommes embarqués à titre permanent, en vertu d'une décison ministérielle, tels que :

Personnel attribué à un officier général ;
Timoniers et clairons en supplément à bord de certains navires en escadre ;
Fourriers ordinaires embarqués en supplément pour leur instruction ;
Ouvriers embarqués sur les navires de Terre-Neuve ou d'Islande, etc.

Art. 34.

Si, dans le premier groupe, une spécialité ne se trouvait pas suffisamment représentée pour avoir droit à une nomination, elle serait réunie à celle à laquelle reviendrait le plus grand nombre d'avancements, et une des nominations à concéder, en appliquant à la réunion des deux spécialités la proportionnalité moyenne, pourrait être affectée à la spécialité défavorisée ; ou bien, elle pourrait être réunie à la fraction restante d'une spécialité ayant la même proportion d'avancements à concéder, de manière à donner une nomination de plus, qui serait attribuée à l'une ou à l'autre de ces spécialités.

Art. 35.

Cas où plusieurs spécialités n'ont pas droit à une nomination.

Si deux ou quatre spécialités n'ont droit à aucun avancement, elles sont groupées deux par deux, de manière à donner une nomination à chaque groupe. S'il y en a trois, deux sont groupées ensemble et la troisième est réunie à une spécialité ayant déjà un avancement, comme il est dit à l'article 34 ci-dessus.

Art. 36.

Répartition des avancements entre le 1er janvier et le 1er juillet.

. Pour répartir entre le 1er janvier et le 1er juillet les nominations à concéder, les Conseils opéreront de la façon suivante :

1° Totaliser les nominations revenant annuellement aux spécialités du 1er groupe et diviser par 2; la plus forte part, s'il y a lieu, sera attribuée au 1er janvier;

2° Puis donner aux spécialités qui ont droit annuellement à un nombre pair de nominations la moitié de ces avancements; ensuite, les Conseils concéderont à leur choix les avancements restants entre les spécialités qui ont droit annuellement à un nombre impair de nominations, sans dépasser le chiffre total déterminé par le § 1 ci-dessus.

Art. 37.

Nominations au grade de quartier-maître, à bord des navires armés ou en 1re catégorie de réserve ayant moins de 100 hommes d'équipage.

Le nombre des nominations au grade de quartier-maître à faire annuellement à bord des bâtiments armés ou en 1re catégorie de réserve, ayant moins de 100 hommes d'équipage, est calculé de la manière suivante :

1er groupe.

Le huitième du total des brevetés appartenant à ce groupe; toute fraction de 0.50 et au-dessus compte pour 1.

2e groupe.

Le huitième du total des matelots de ce groupe; toute fraction de 0.50 et au-dessus compte pour 1.

3e groupe.

Les ouvriers mécaniciens et les matelots chauffeurs brevetés sont totalisés; le résultat divisé par 6 donne le nombre de nominations à faire aux grades de quartier-maître mécanicien pratique ou de quartier-maître chauffeur; elles seront réparties au choix du Conseil sur les candidats les plus méritants du groupe. Toute fraction de 0.50 et au-dessus compte pour 1.

. Lorsque l'un des groupes ou les trois groupes n'ont droit à aucun avancement, les fractions obtenues séparément sont totalisées et il est accordé :

1° Un avancement au choix du Conseil, soit au 1er janvier, soit au 1er juillet suivant, si la somme ne dépasse pas l'unité ou si elle est comprise entre 1 et 1.5;

2° Deux avancements également au choix du Conseil (un au 1er janvier et un au 1er juillet) si cette somme est supérieure à 1.5.

Art. 38.

Le nombre des nominations au grade de quartier-maître à faire annuellement à bord des bâtiments en réserve 2ᵉ et 3ᵉ catégories est calculé d'après
les règles ci-après :

1ᵉʳ groupe.

Le dixième du total des brevetés appartenant à ce groupe ; toute fraction de
0.50 et au-dessus compte pour 1.

2ᵉ groupe.

Le dixième du total des matelots de ce groupe, toute fraction de 0.50 et au-
dessus compte pour 1.

3ᵉ groupe néant.

[Note marginale : Nominations au grade de quartier-maître à bord des navires en réserve, 2ᵉ et 3ᵉ catégories.]

Art. 39.

Le nombre des avancements au grade de quartier-maître qui peuvent être
concédés au personnel à terre est fixé, pour une année, ainsi qu'il suit :

a) *Infirmiers en service à terre :*

Au douzième du nombre total des matelots infirmiers en service.

b) *Marins en service à terre aux Colonies :*

Au douzième de l'effectif total des brevetés, sans qu'il y ait lieu de former
des groupes.
Toute fraction, si minime qu'elle soit, compte pour l'unité.

[Note marginale : Nominations au grade de quartier-maître pour le personnel en service à terre.]

Art. 40.

Pour les périodes d'armement comprises entre deux et six mois, le nombre
total des avancements au grade de quartier-maître sera calculé proportionnel-
lement au chiffre fixé pour un an, toute fraction égale ou supérieure à 0.50
étant comptée pour une unité ; puis la répartition en sera faite entre les spécialités, en conservant, entre elles, le même rapport que celui qui existe pour
une année.

[Note marginale : Calcul du nombre des avancements revenant pour une période d'armement inférieure à 6 mois.]

Art. 41.

A défaut de sujets capables dans une spécialité, les Conseils ont la faculté
d'attendre le 1ᵉʳ juillet ou le désarmement pour compléter le chiffre des avancements à concéder à cette spécialité ; ils peuvent, en outre, à titre exception-
nel, reporter à la date du 1ᵉʳ juillet ou au désarmement, sur la spécialité qui
présente le meilleur candidat, l'avancement qui n'a pas été donné le 1ᵉʳ janvier à une spécialité par suite du défaut de candidat remplissant les conditions de service réglementaires.

[Note marginale : Latitude laissée, dans certains cas, aux conseils d'avancement.]

Art. 42.

<table>
<tr><td>

Fiche explicative à annexer aux procès - verbaux d'avancement.

</td><td>

Les procès-verbaux d'avancement dressés soit au 1er juillet, soit au désarmement, seront appuyés d'une fiche faisant ressortir par spécialité le nombre des nominations auxquelles le bâtiment a droit annuellement, celles qui ont été concédées le 1er janvier et enfin, par déduction, celles qui restent à concéder.

</td></tr>
</table>

Les procès-verbaux d'avancement dressés soit au 1er juillet, soit au désarmement, seront appuyés d'une fiche faisant ressortir par spécialité le nombre des nominations auxquelles le bâtiment a droit annuellement, celles qui ont été concédées le 1er janvier et enfin, par déduction, celles qui restent à concéder.

Les Conseils indiqueront sur cette fiche, le cas échéant, la manière dont ils auront formé les groupes et les motifs de la formation adoptée.

Ces fiches sont adressées au Ministre après vérification par le commissaire aux armements.

Art. 43.

Au 1er avril et au 1er octobre de chaque année, les commissaires aux armements font parvenir au Ministre un relevé numérique, par spécialité, des quartiers-maîtres nommés pendant le semestre écoulé (avancements ordinaires et extraordinaires).

TITRE IV.

Proposititions pour la Légion d'honneur et la Médaille militaire. — Notes semestrielles.

Art. 44.

Les conditions que doivent remplir les candidats pour pouvoir être régulièrement proposés pour l'admission dans la Légion d'honneur ou pour l'obtention de la Médaille militaire sont les suivantes :

a) Admission dans la Légion d'honneur :

1° Réunir 20 ans de services à terre ou 20 ans de services mixtes à terre et à la mer, le temps d'embarquement comptant pour le double de sa durée effective ;

2° S'être signalé par une action d'éclat ;

3° Avoir reçu une ou plusieurs blessures graves, soit en combattant devant l'ennemi, soit en service commandé ;

4° Avoir rendu des services exceptionnels.

Dans l'un ou l'autre des trois derniers cas énumérés aux paragraphes numérotés 2°, 3° et 4°, les conditions de service fixées par le paragraphe n° 1 ne sont pas exigibles, mais les actions d'éclat, blessures ou services exceptionnels qui motivent la proposition, doivent être dûment constatés.

Sauf le cas d'action d'éclat ou de blessures graves reçues devant l'ennemi, aucun marin ne peut être régulièrement proposé pour la Légion d'honneur s'il n'est déjà décoré de la Médaille militaire depuis deux ans au moins.

b) *Concession de la Médaille militaire.*

1° Réunir 7 années au moins de services effectifs tant à terre qu'à la mer, ou cinq années de services à la mer;

2° Avoir été cité à l'ordre de l'escadre, de la division navale ou du corps expéditionnaire;

3° Avoir reçu une ou plusieurs blessures en combattant devant l'ennemi ou en exécutant un service commandé;

4° S'être signalé par un acte de courage ou de dévouement méritant une récompense militaire ou par des services exceptionnels.

La condition de service fixée par le paragraphe numéroté 1° ci-dessus n'est pas exigible des candidats présentés en exécution des paragraphes numérotés 2°, 3° et 4°; mais les services exceptionnels, blessures, etc., qui motivent la proposition, doivent être dûment constatés.

Art. 45.

Les propositions pour la Légion d'honneur et la Médaille militaire sont dressées le 1er mars et le 1er septembre de chaque année à bord des bâtiments de la flotte, dans les divisions des Équipages de la flotte et dans les directions des mouvements de port. Elles sont transmises ensuite au Ministre le plus tôt possible.

Dates d'établissement des propositions pour la Légion d'honneur et la médaille militaire.

Toutefois, celles du 1er septembre sont remplacées par les propositions faites au moment de l'inspection générale, lorsque celle-ci a lieu dans le courant du deuxième semestre; pour les stations locales où l'inspection générale est passée quelquefois au commencement de l'année, celles du Sénégal et du Gabon, par exemple, les propositions de l'inspecteur général remplacent celles du 1er mars. Dans ce cas, le commandant de la force navale locale ne doit pas établir de propositions; ce soin appartient exclusivement à l'inspecteur général.

Toutes les propositions, soit pour la Légion d'honneur, soit pour la Médaille militaire, établies à bord des bâtiments, à la division et dans les différents services à terre qui emploient des marins, sont remises au commandant en chef ou à l'inspecteur général qui fait un choix parmi ces propositions et dresse une liste de préférence de celles qu'il approuve. Ces dernières seules sont valables et le commandant en chef en ordonne l'inscription sur les livrets. Les propositions sont ensuite adressées au Ministre avec les listes nominatives de préférence, une pour la Légion d'honneur, l'autre pour la Médaille militaire; chaque liste comprend, sans distinction de spécialités, tous les marins des Équipages de la flotte proposés définitivement par le commandant en chef ou l'inspecteur général.

Les commandants des bâtiments isolés sont tenus de faire parvenir leurs propositions au Ministre par l'intermédiaire d'un commandant en chef; ils peuvent, à cet effet, les adresser à l'autorité supérieure avant le 1er mars et le 1er septembre s'ils doivent se trouver à la mer à ces deux dates.

Art. 46.

Établissement des notes semestriel-les.

Les notes semestrielles sont établies aux mêmes époques que les propositions pour la Légion d'honneur et la Médaille militaire. Il en est établi également :

1° Lors du désarmement ou du passage en réserve, si ce mouvement s'effectue deux mois au moins après que des notes ont été données;

2° Lors du débarquement des passagers ou lors des remplacements qui ont lieu en cours de campagne si les intéressés ont au moins deux mois de présence à bord.

Les notes des officiers-mariniers et des élèves mécaniciens sont établies en suivant l'ordre des spécialités. Celles des quartiers-maîtres proposés pour l'avancement font l'objet d'un état spécial.

Les officiers-mariniers suspendus doivent être portés sur les états de notes semestrielles.

Des notes sont également adressées au Ministre concernant les seconds-maîtres et maîtres musiciens, les chefs de musique de bord et les sous-chefs de musique des divisions.

TITRE V.

Propositions de récompenses pour faits de sauvetage.

Art. 47.

Les marins en activité de service qui accomplissent des faits de sauvetage en mer, dans les ports, dans les étangs salés qui communiquent avec la mer, ainsi que dans la partie maritime des fleuves, rivières et canaux jusqu'aux points déterminés par les décrets du 4 juillet 1853 et par les décrets subséquents, peuvent être proposés, selon le cas, pour :

1° La croix de la Légion d'honneur;
2° La Médaille militaire;
3° Une Médaille d'honneur { de 1re classe } { de 2e classe } en or; { de 1re classe } { de 2e classe } en argent;
4° Un témoignage officiel de satisfaction.

Art. 48.

Les propositions de récompenses pour faits de sauvetage, établies sur un état conforme au modèle n° 1 annexé au présent arrêté, sont transmises au Ministre, qui statue sur la suite à leur donner. Elles doivent indiquer si le marin qui en est l'objet est disposé à recevoir la récompense demandée pour lui, et être appuyées des procès-verbaux d'enquête.

ART. 49.

Tant que toute la série des autres distinctions honorifiques n'a pas été épuisée, il ne doit être établi de propositions pour la Légion d'honneur ou la Médaille militaire, pour faits de sauvetage, que dans des cas très rares, par exemple quand il y a lieu de récompenser des actions tout à fait hors ligne.

De même il ne doit être fait de propositions pour la concession d'une Médaille d'honneur en or ou en argent, en faveur d'un marin non encore titulaire d'une récompense, que si le fait de sauvetage s'est produit dans des circonstances exceptionnelles au point de vue du dévouement et des dangers courus.

La première proposition à faire en faveur d'un marin dont l'acte de sauvetage ou de dévouement n'a pas été accompli dans les conditions indiquées ci-dessus, doit être une proposition pour un témoignage officiel de satisfaction et, d'une manière générale, il ne doit être établi de proposition pour les médailles des différentes classes que si le marin est déjà titulaire de la distinction honorifique de l'ordre immédiatement inférieur.

TITRE VI.

Formation du tableau d'avancement pour le grade de mécanicien principal de 2ᵉ classe.

ART. 50.

Les propositions établies en faveur des premiers-maîtres mécaniciens pour le grade de mécanicien principal de 2ᵉ classe par les commandants des bâtiments, dans les conditions déterminées par l'article 405 du décret du 5 juin 1883, sont conformes au modèle nº 2 annexé au présent arrêté.

Elles sont transmises au Ministre en simple expédition aussitôt qu'elles ont reçu l'approbation du commandant en chef.

Établissement des états de proposition pour le grade de mécanicien principal de 2ᵉ classe.

ART. 51.

Toutes les fois qu'il y a plusieurs premiers-maîtres mécaniciens proposés en même temps dans un port ou une force navale, les états de proposition sont accompagnés d'une liste de préférence dressée par le préfet maritime ou le commandant en chef.

Liste de préférence.

ART. 52.

Le 1ᵉʳ mai de chaque année, le Président de la Commission permanente d'examen des mécaniciens adresse au Ministre des sujets de composition pour l'exécution de l'épreuve littéraire et technique que les premiers-maîtres mécaniciens doivent subir, conformément au § 1ᵉʳ de l'article 406 du décret du 5 juin 1883.

Le Ministre arrête les sujets de l'épreuve et les adresse, sous pli cacheté,

Choix de l'épreuve littéraire et technique.

aux Préfets maritimes et aux Commandants des forces navales et, le cas échéant, aux Commandants des bâtiments isolés.

ART. 53.

Date
des compositions.

La composition a lieu, sauf ordre contraire du Ministre, le 29 juin (le 28, si le 29 est un dimanche), en France et à bord des navires qui ont reçu les sujets ; dès l'arrivée du pli cacheté, sur les bâtiments qui, par suite des circonstances de la navigation, ne l'ont reçu qu'après le 29 juin.

ART. 54.

Exécution
des compositions.

Les premiers-maîtres mécaniciens qui désirent subir l'épreuve littéraire et technique sont réunis, au jour fixé et dans la matinée, dans un même local, désigné par le Préfet maritime, le Commandant en chef ou le Commandant du bâtiment isolé.

Il n'est laissé à leur disposition que du papier et de l'encre.

Un officier, spécialement chargé de les surveiller, décachette le pli en leur présence, et leur dicte les énoncés des questions à traiter ; quatre heures leur sont accordées pour leur rédaction.

ART. 55.

Destination à donner aux compositions.

Aussitôt terminées, les compositions sont mises sous pli cacheté et adressées au Ministre par les Préfets maritimes ou les Commandants en chef, ainsi que par les Commandants des bâtiments isolés.

Elles sont accompagnées d'un procès-verbal de la séance, dans lequel sont mentionnés, s'il y a lieu, les noms des premiers-maîtres mécaniciens qui, après la dictée du sujet, ont déclaré renoncer à le traiter et se sont retirés.

Le Ministre communique ces compositions à la Commission permanente d'examen des mécaniciens, qui les examine et les note ; elles sont ensuite jointes au dossier de chacun des candidats.

L'appréciation et la note de la Commission sont portées à la connaissance des intéressés par le Ministre.

ART. 56.

Exceptionnellement le Ministre peut autoriser une seconde épreuve dans le courant de la même année.

Lorsque le Ministre le juge convenable, une autre épreuve peut avoir lieu à la fin de l'année, pour les premiers-maîtres qui n'ont pu prendre part à la première pour raison de force majeure. Elle n'a lieu qu'en France.

Ne sont pas admis à subir une deuxième épreuve, dans la même année, les premiers-maîtres qui ont renoncé à subir la première, après avoir pris connaissance du sujet.

ART. 57.

Détermination du nombre de premiers-maîtres à inscrire au tableau d'avancement.

Au moment où le Ministre nomme, conformément à l'article 406 du décret du 5 juin 1883, la Commission chargée d'établir le tableau d'avancement pour le grade de mécanicien principal de 2ᵉ classe, il fixe le nombre de candidats à porter au tableau, d'après le chiffre présumé des nominations à faire dans le courant de l'année.

Art. 58.

En même temps qu'il fait connaître au Président de la Commission le nombre des inscriptions à faire, le Ministre lui fait remettre les dossiers des premiers-maîtres mécaniciens qui figurent encore au tableau, ainsi que ceux de tous les premiers-maîtres qui sont proposés règulièrement pour l'avancement, et quiont subi l'épreuve littéraire et technique.

Ces dossiers sont accompagnés d'un état nominatif, dressé dans l'ordre d'ancienneté des premiers-maîtres, et contenant tous les renseignements et notes concernant ces officiers-mariniers, et des listes de préférence, dont il est parlé à l'article 51 ci-dessus.

Ces documents sont mis immédiatement à la disposition des membres de la Commission.

Communication des dossiers à la Commission.

Art. 59.

Le Président convoque la Commission après la session d'examen, qui commence à Brest le 1er janvier, dès qu'il a été informé que tous les membres ont pris connaissance des dossiers.

En cas d'empêchement imprévu d'un des membres, la Commission reste constituée et délibère valablement ; il est fait mention au procès-verbal de la séance de cette circonstance.

Convocation de la Commission.

Art. 60.

La Commission examine d'abord les titres des premiers-maîtres qui figurent encore sur le tableau ; elle prononce leur maintien ou leur radiation.

Ce travail terminé, la Commission procède à l'examen des titres des autres premiers-maîtres proposés pour l'avancement. Le Président donne lecture des renseignements contenus dans l'état nominatif, par ordre d'ancienneté, qui accompagnent les dossiers, et de toutes les notes dont la lecture est demandée par un des membres de la Commission.

Tout premier-maître proposé peut, à la demande de deux membres seulement, être porté sur la liste des candidats à l'avancement ou liste préparatoire.

Mode de procéder de la Commission.

Art. 61.

Il est ensuite procédé au vote par bulletin de liste et au scrutin secret.

Chacun des votants dresse une liste qui ne comprend que des premiers-maîtres déjà inscrits sur la liste préparatoire et qui comporte un nombre de candidats ne dépassant pas celui des inscriptions à faire.

Nul ne peut être inscrit sur le tableau s'il ne réunit la majorité absolue des voix.

Lorsque le premier vote donne un nombre de candidats ayant obtenu la majorité absolue supérieur à celui des inscriptions à faire, il est renouvelé pour les candidats qui ont obtenu le nombre minimum de voix et a lieu alors à la majorité relative des votants.

Lors du dépouillement de ce second scrutin, à égalité de voix, l'ancienneté prévaut.

Mode de votation de la Commission.

Lorsque le premier vote donne un nombre de candidats ayant obtenu la majorité absolue inférieur à celui des inscriptions à faire au tableau, il est renouvelé et a lieu, dans ce cas, à la majorité relative des votants ; mais il ne peut concerner que ceux des candidats qui ont obtenu au moins deux voix au premier vote.

Lors du dépouillement de ce scrutin, à égalité de voix, l'ancienneté prévaut.

Ces opérations terminées, il est procédé, par un nouveau vote, au classement des premiers-maîtres nouvellement élus ; ils sont inscrits à la suite de ceux provenant du tableau précédent et maintenus par la Commission.

Chacun des votants dresse une liste des premiers-maîtres à classer, par ordre de préférence et le rang d'inscription sur le tableau résulte de la somme des points obtenus ; à égalité de points l'ancienneté prévaut.

Art. 62.

Publicité donnée au tableau d'avancement.

Le tableau d'avancement est arrêté séance tenante et remis immédiatement au Ministre. Les dossiers sont, après la séance, renvoyés au bureau des Équipages de la flotte.

Le tableau est publié au *Journal officiel* et inséré dans le *Bulletin officiel de la Marine.*

Art. 63.

Durée de l'inscription au tableau d'avancement. — Radiation.

Les premiers-maîtres portés sur le tableau d'avancement y restent inscrits pendant une année.

Ils peuvent en être rayés avant cette époque, pour faute grave, par décision du Ministre rendue sur un rapport motivé du directeur du personnel.

Art. 64.

Inscription d'office au tableau d'avancement.

En cas de faits de guerre, de services extraordinaires, de missions spéciales, le Ministre peut inscrire d'office sur le tableau d'avancement les premiers-maîtres mécaniciens régulièrement proposés qui lui paraissent mériter cette récompense.

Ces premiers-maîtres sont inscrits à la suite de ceux qui figurent déjà sur le tableau ; la durée de leur inscription n'est pas limitée et ils y sont maintenus à leur rang lors du renouvellement annuel.

Art. 65.

Abrogation des dispositions antérieures.

Toutes les dispositions antérieures contraires au présent arrêté sont abrogées.

Fait à Paris, le 26 mai 1891.

Signé : **E. BARBEY.**

Arrêté ministériel
du 26 mai 1894.

ESCADRE d
ou
DIVISION NAVALE
de

(a) Direction du personnel pour les marins des Equipages de la flotte, les marins vétérans, les pompiers et les gardes-consignes.
Direction de la comptabilité générale en ce qui concerne la Marine du commerce et les sauvetages accomplis sur le littoral par des hommes n'étant pas en activité et par toutes personnes autres que celles qui sont désignées ci-dessus.
(Arrêtés ministériels des 12 février 1882 et 19 novembre 1886.)

MODÈLE N° 1.

MARINE.

DIRECTION (a)

BUREAU :

Proposition de récompense pour faits de sauvetage.

NOMS, PRÉNOMS, GRADES OU QUALITÉS. Division d'immatriculation, quartiers, folios et numéros d'inscription ou domiciles des sauveteurs.	LIEUX ET DATES des faits.	RÉSUMÉ SUCCINCT DES FAITS.	RÉCOMPENSES OBTENUES PRÉCÉDEMMENT et dates des décisions.

Fait à   , le   189 .

Le (a)

| PROPOSITIONS. | | | DÉCISION DU MINISTRE. |
(a)	(b)	(c)	

(a) Du commandant du bâtiment, de la division ou du commissaire de l'Inscription maritime.

(b) Du major général, du major de la flotte, de l'officier général commandant en sous-ordre ou du chef du service de la marine.

(c) Du préfet maritime, du commandant en chef.

(d) Commandant du bâtiment, de la division ou commissaire de l'Inscription maritime.

(1)

Modèle N° 2.

Décret du 5 juin 1883, articles 405 et 406.

Arrêté ministériel du 26 mai 1894.

MINISTÈRE DE LA MARINE.

DIRECTION DU PERSONNEL. — BUREAU DES ÉQUIPAGES DE LA FLOTTE.

État de proposition pour le grade de mécanicien principal de 2e classe.

Le

Commandé par M.

NOMS ET PRÉNOMS. — DATE ET LIEU DE NAISSANCE. — Quartier, folio et numéro d'inscription.	PROVENANCE. — TEMPS DE SERVICE depuis l'incorporation. — Date de nomination au grade de premier-maître mécanicien de 2e classe.	1° DÉCOMPTE du temps d'embarquement comme premier-maître chargé sur des navires armés, en essais ou en réserve, 1re catégorie. 2° TEMPS passé comme professeur ou aux colonies.	CONDUITE, TENUE ET MORALITÉ. Manière de servir et de diriger le personnel.	APPRÉCIATION GÉNÉRALE. — (Machines : Théorie et pratique. Genre des machines dont le premier-maître a été chargé, Connaissances spéciales, torpilles, etc.) Circonstances particulières de la carrière et tous les autres renseignements de nature à éclairer la commission chargée de dresser le tableau d'avancement.	OBSERVATIONS. — PROPOSITIONS ANTÉRIEURES. (Indiquer ici si le premier-maître a subi l'épreuve littéraire et technique.)

VU et APPROUVÉ :

Le (2)

Fait à　　　, le　　　18

Le commandant,

(1) Escadre, division navale ou port de...
(2) Vice-amiral ou contre-amiral, commandant en chef; vice-amiral, commandant en chef, préfet maritime; capitaine de vaisseau, commandant la division ou station navale.

PARIS. — IMPRIMERIE L. BAUDOIN, 2, RUE CHRISTINE.

PARIS. — IMPRIMERIE L. BAUDOIN, 2, RUE CHRISTINE.